7 SECRETOS DE LOS DIFERENTES TIPOS DE HIPOTECAS_ PRESTAMOS O EL NO PAGO DE CUOTA INICIAL

COMPRANDO CASA EN USA

LIBIA JUDITH TORRES

Descargo de responsabilidad y cumplimiento de la FTC

Ninguna parte de este libro puede ser reproducida, almacenada en un sistema de recuperación, o transmitida en cualquier forma o por cualquier medio, electrónico, mecánico, fotocopiado, grabado o de otra manera sin el permiso expreso por escrito del autor. Este libro es para el único propósito de entretenimiento. Todas las opiniones detalladas en este libro son las del autor, por lo tanto, no deben tomarse como una forma de instrucciones de un experto.

Disclaimer and FTC Compliance

NO part of this book may be reproduced, or stored in a retrieval system, or transmitted in any form or by any means, electronic, mechanical, photocopying, recording, or otherwise without express written permission of the author. This book is for the sole purpose of entertainment. All the views detailed I this book are those of the author, therefore should not be taken as any form of instructions of an expert.

TABLA DE CONTENIDO

INTRODUCCIÓN

Para el año 2024, se espera que los latinos sean dueños de viviendas al total nacional, liderando el crecimiento de los propietarios y estimulando el mercado de bienes raíces en los Estados Unidos. Los latinos están entrando en sus primeros años de compra de viviendas, esta tasa acelerada de propiedad de viviendas proyectada continúa incrementándose de acuerdo con el Informe de 2016 sobre la propiedad de vivienda del estado latino. La propiedad de vivienda latina ha aumentado durante los últimos dos años consecutivos, mientras que la demografía étnica nacional en general ha disminuido. Los latinos están ganando más dinero, demostrando mejor educación y están formando hogares a un ritmo más rápido que cualquier otro grupo demográfico en el país.

El proceso de compra de vivienda es una de las decisiones financieras más importantes, con educación limitada y documentos en español sobre el proceso de compra de vivienda. Este libro tiene como objetivo proporcionar suficiente información con grandes secretos para comprar una casa sin sentirse abrumado. Los compradores de viviendas confían en los agentes de bienes raíces y los demás profesionales para obtener la mejor experiencia de compra de una vivienda. La serie de libros de como comprar viviendas en los Estados Unidos permite mostrar el proceso de compra y le permite comprar su primera vivienda sin sentirse demasiado perdido o devastado. Más de 5000 horas de investigación y análisis, explicadas en la serie de libros de procesos de compra de viviendas, en las cuales, proporciona material fundamental para iniciar y finalizar el proceso de compra de una vivienda. Mi intención es apoyar el proceso de compra de su casa a través de una investigación fundamental que cubra prácticas y métodos de compra simples y complicados.

Haga las preguntas correctas y en el momento preciso, no espere, incorporese en todo el proceso y asi evitara sentirse desinformado o abrumado. La serie de libros de procesos de compra de viviendas está escrita para aspirar, guiar a cualquier persona que desee hacerce a su propia vivienda, proporcionandole conocimientos y recursos valiosos, para que finalmente usted (es) obtengan la casa de sus sueños. Después de terminar de leer este libro, estará preparado para calificar y comprar su propia casa. Si su sueño es convertirse en propietario de una casa, informandose en como hacerlo es lo primero y usted ya inicio. Leyendo nuestra serie de libros comienza su gran proceso y le mostraré exactamente cómo llegar a su meta.

BIOGRAFÍA

Naci en mi natal Barranquilla, Colombia, la comprensión de mis familiares y amigos ha sido mi inspiración y a quienes les debo todo, mi éxito, mis carreras lo que soy. La crianza de mis padres fue de gran impacto a lo largo de mi infancia y edad adulta, ya que fueron ellos quienes infundieron con bases solidas, moral, ética ... etc y todos estos comportamientos aun siguen moldeándome dia a dia. Mi madre me enseñó la paciencia, y de mi padre su inquebrantable dedicación, su arduo trabajo, me permiten seguir en pie especialmente en los tiempos complejos. Conoci al amor de mi vida y formamos nuestra bella familia, nuestros hijos, nuestros dos pilares Brayckner estudiante de Ingenieria Mecanica y Mechell estudiante del Septimo Grado, ellos complementan nuestro hogar y nos ensenan dia a dia. Mi familia y mi propia vida me han inspirado ha expresarme a través de estos

Libia Judith Torres

libros, y mi deseo es que a travez de estas líneas pueda ayudarlos a todos! GRACIAS

CAPÍTULO 1. SECRETOS DE LOS DIFERENTES TIPOS DE HIPOTECAS_ PRESTAMOS O EL NO PAGO DE CUOTA INICIAL

VISION GENERAL DEL HOMEREADY

El HomeReady les permite a los prestatarios hacer un pequeño pago inicial, están obligados a comprar un seguro hipotecario (PMI)mortgage insurance, que es una prima que se agregará a los pagos de la hipoteca. El seguro hipotecario de HomeReady es asequible y, en ciertas circunstancias, es cancelable. En general, para eliminar el seguro hipotecario, la proporción de préstamo a valor (LTV) del prestatario debe ser superior al 90 por ciento. Sin embargo, esta proporción y restricciones pueden variar de un prestamista a otro.

HomeReady está disponible para quienes compran o refinancian una vivienda unifamiliar. Y para poder calificar, los prestatarios deben cumplir con los límites de ingresos y la ubicación de la propiedad debe estar marcada en un área de bajos ingresos. En USA Fannie Mae/Asociacion Federal Nacional Hipotecara utiliza una herramienta para la elegibilidad del ingreso familiar necesario, como requisito y dependiendo de la ubicación de casa.

Los prestatarios que decidan utilizar HomeReady

deberán completar un curso educativo que les ayude a prepararse para el proceso de la hipoteca y es requerido for Fannie Mae, para que los prestatarios sepan y se preparen de como ser un futuro propietario de una casa. Esto también brinda a los prestamistas la tranquilidad de que los prestatarios están informados y tienen conocimiento de cómo funciona este proceso.

Haga las preguntas correctas

HomeReady también requiere que los prestatarios reciban asesoría de vivienda de una agencia de Desarrollo Urbano de la Vivienda (HUD). La agencia debe ser una organización de asesoría de vivienda sin fines de lucro aprobada por HUD. Este requisito tiene como objetivo educar más a los prestatarios y prepararlos a como obtener la propiedad de vivienda. La educación proporcionada dentro de este programa ilustra la importancia de administrar sabiamente su dinero para que los pagos de la hipoteca, además de otros costos relacionados con el hogar, se atiendan de manera oportuna.

¡Por favor! Seleccione Abajo

Proporcionar una Revisión Honesta

Gracias

https://www.amazon.com/s?k=asin%3DB07P1JJQLX

CAPÍTULO 2. SECRETOS DEL PRÉSTAMO FHA ADMINISTRACION FEDERAL DE VIVIENDA

¿QUÉ ES UN PRÉSTAMO FHA?

Un préstamo de la FHA es una hipoteca que está asegurada por la Administración Federal de Vivienda (FHA). El préstamo FHA es especialmente popular entre los compradores de vivienda por primera vez, ya que permiten pagos iniciales de 3.5% para puntajes de crédito de 580+. Sin embargo, los prestatarios deben pagar las primas del seguro hipotecario, que protege al prestamista si el prestatario no cumple con los requisitos.

Los prestatarios pueden calificar para un préstamo de la FHA con un pago inicial tan bajo como 3.5% para un puntaje de crédito de 580 o más. El puntaje de crédito del prestatario puede estar entre 500 y 579 si se realiza un pago inicial del 10%. Sin embargo, es importante recordar que cuanto más bajo sea el puntaje de crédito, mayor será el interés que recibirán los prestatarios.

El programa de la FHA se creó en respuesta a la serie de ejecuciones hipotecarias e incumplimientos que ocurrieron en la década de 1930; proporcionar a los prestamistas hipotecarios un seguro adecuado; y para ayudar a estimular el mercado de la vivienda, haciendo que los préstamos sean accesibles y asequibles para personas con un crédito regular o con un pago inicial bajo. Esencialmente, el gobierno federal asegura préstamos para prestamistas aprobados por la FHA con el fin de reducir su riesgo de pérdida de la vivienda, si un prestatario no cumple con los pagos de su hipoteca.

Beneficios del FHA

Para los prestatarios interesados en comprar una casa con un préstamo FHA con un monto de pago inicial bajo de 3.5%, los solicitantes deben tener un puntaje FICO mínimo de 580 para calificar. Sin embargo, tener un puntaje de crédito inferior a 580 no necesariamente lo excluye de la elegibilidad del préstamo de la FHA. Solo necesitas tener un pago inicial mínimo del 10%.

El puntaje de crédito y los montos del pago inicial son solo dos de los requisitos de los préstamos de la FHA. Aquí hay una lista completa de los requisitos de préstamos de la FHA, que establece la Autoridad Federal de Vivienda:

Generalmente, un préstamo de la FHA es uno de los tipos de préstamos hipotecarios más fáciles de calificar porque requiere un pago inicial bajo y no necesariamente deberán tener un crédito perfecto.

Para los préstamos de la FHA, se requiere un pago inicial del 3.5 % por ciento para obtener el máximo financiamiento. Los prestatarios con un puntaje de crédito de 500 pueden calificar para un préstamo FHA.

Los prestatarios que no puedan pagar una cuota inicial del 20% por ciento, y que tengan un puntaje del crédito bajo o que no pueden obtener la aprobación para un seguro hipotecario privado deberán investigar si un préstamo de la FHA podría ser la mejor opción para su situación personal especifica.

Otra ventaja de un préstamo de la FHA es una hipoteca asumible, lo que significa que si desea vender su casa, el comprador puede "asumir" el préstamo que tiene. Las personas que tienen un historial de crédito bajo o malo, y que se han declarado en bancarrota o han sido ejecutadas quizás aun, pudieran lograr ser elegibles para un préstamo FHA

Requerimientos para el Prestamo de FHA / Administracion Federal de Vivienda

Para ser elegible a un préstamo FHA, los prestatarios deberán cumplir con los siguientes requisitos:

- Los prestatarios deben hacer un pago inicial de al menos el 3.5 por ciento del precio de compra.
- El pago inicial puede provenir como algún regalo verificado por algún pariente o pro-

grama gubernamental.

- Un puntaje FICO mínimo de 500 a 579 con un 10 por ciento menos y 580 o más con un 3.5 por ciento menos.
- Historial de empleo estable o que haya laborado para el mismo empleador durante dos años.
- Los ingresos de los prestatarios se deben verificar a través de los comprobantes de pago o nomina, declaraciones de impuestos federales y estados de cuenta bancarios.
- El préstamo debe ser usado solo para una residencia primaria.

  - La propiedad debe ser evaluada por un tasador aprobado por la FHA y cumplir con las pautas de propiedad de HUD.
- El índice de deuda al final del préstamo (pagos mensuales de la deuda, excluyendo una hipoteca) no debe exceder el 31 por ciento de su ingreso mensual bruto. Los prestamistas pueden permitir una proporción de hasta el 40 por ciento en algunos casos.
- El índice de deuda final de los prestatarios (hipoteca, más todos los pagos mensuales de la deuda) no debe exceder el 43 por ciento de su ingreso mensual bruto. Los prestamistas pueden permitir una proporción de hasta el 50 por ciento en algunos casos.
- Los prestatarios deberán esperar para solicitar un préstamo FHA dos años después

de una quiebra y tres años después de una ejecución hipotecaria. También deben haber restablecido un historial de crédito positivo en el ínterin. Los prestamistas pueden hacer excepciones en los períodos de espera para prestatarios con circunstancias atenuantes.

CAPÍTULO 3.
SECRETOS DEL
PRÉSTAMO USDA

¿QUÉ ES UN PRÉSTAMO DEL USDA?

Los préstamos del Departamento de Agricultura de los Estados Unidos (USDA) son hipotecas de pago inicial para compradores de casas rurales y suburbanos. Son principalmente para prestatarios que no son ricos y no pueden obtener una hipoteca tradicional. Un préstamo del USDA es un tipo especial de hipoteca de pago inicial que los compradores elegibles en áreas rurales y suburbanas pueden obtener a través del Programa de Préstamos del USDA, que está respaldado por el USDA/Departamento de Agricultura en USA.

El programa está diseñado para mejorar la economía y la calidad de vida en la América rural. Ofrece tasas de interés bajas, no hay pagos iniciales, y puede que se sorprenda al descubrir qué tan accesible es. Estos préstamos están asegurados por el gobierno por el USDA y generalmente son para familias de ingresos bajos a medios, que compran una vivienda de residencia primaria. Los préstamos del USDA tienen características especiales que difieren de los préstamos convencionales y que atraen a compradores a los que generalmente se les ha negado la obtención de otros préstamos, pero que aún buscan una forma de pagar una vivienda.

El aspecto más deseable de un préstamo del USDA es que no se requieren pagos iniciales. Esto permite a los compradores financiar una casa hasta el 100% del precio. Tampoco existe un límite en el precio de una casa para solicitar un préstamo del USDA. Junto con estos beneficios, se ofrecen tasas de interés fijas a 30 años, lo que permite a los prestamistas ofrecer tasas de interés competitivas basadas en las calificaciones del comprador.

Un préstamo del USDA es un tipo especial de la hipoteca de pago inicial que los compradores de casas elegibles en áreas rurales y suburbanas pueden obtener a través del Programa de Préstamos del USDA, que está respaldado por el Departamento de Agricultura de los Estados Unidos (USDA).

El USDA respalda una variedad de préstamos para ayudar a las personas de ingresos bajos o moderados a comprar, reparar o renovar una casa en un área rural.

Para los compradores elegibles, cuentan con grandes beneficios, como un financiamiento del 100% sin pago inicial y tasas hipotecarias por debajo del mercado.

Hay varios tipos de préstamos para la vivienda del USDA: el préstamo de propiedad de vivienda directa para una sola familia, el préstamo o la subvención de vivienda rural garantizada para una sola familia, el préstamo o subsidio de reparación y rehabilitación rural y el préstamo de autoayuda mutua. Esta guía lo ayudará a determinar cuáles son estos préstamos y si califica.

Aunque los términos y detalles de estos préstamos difieren, todos estos préstamos del USDA ofrecen tasas de interés efectivas muy bajas (algunas son tan bajas como el 1 por ciento) y no requieren un pago inicial en efectivo. Para calificar, necesitas tener un historial de crédito decente. No todas las propiedades califican para los préstamos del USDA, así que asegúrese de visitar el sitio web del USDA para ver si califica.

Para obtener un préstamo del USDA, el comprador debe ser un ciudadano legal de los EE. UU. Y tener 18 años o más. La casa debe ser para la residencia principal y no como casa adicional o cercana, que sea propiedad también del comprador. La mayoría de los otros requisitos para un préstamo del USDA son muy flexibles.

Aunque la casa debe estar ubicada en un área rural, la definición varía de modo que la mayoría de las ciudades pequeñas, suburbios y semi rurales son aceptables. Típicamente, una ciudad con 20,000 habitantes o menos es un lugar elegible. El historial crediticio, el historial laboral y la elegibilidad de ingresos son requisitos muy negociables; Sin embargo, hay recomendaciones que aumentarán su elegibilidad.

También existen limitaciones para los ingresos que su prestamista puede evaluar según la ubicación de la vivienda y los ingresos de los ocupantes vecinos. La prueba de empleo o algún tipo de ingreso consistente, es importante para demostrar que podrá realizar los pagos. En general, se desea un historial de empleo de 2 años, sin embargo, este no es un requisito definido. El capital de la hipoteca, los intereses, los impuestos y el seguro (PITI) también se recomienda que sea inferior al 29% de los ingresos mensuales, pero nuevamente, este porcentaje exacto suele ser negociable.

Tres programas de prestamos hipotecarios del USDA

Garantías de préstamo: USDA/Departamento de Agricultura de los Estados Unidos; garantiza una hipoteca emitida por un prestamista local participante, similar a un préstamo de la FHA y préstamos respaldados por el VA, lo que le permite obtener tasas de interés hipotecarias bajas, incluso sin un pago inicial.

Sin embargo, si deposita poco o nada de dinero, tendrá que pagar una prima de seguro hipotecario.

Préstamos directos:

Emitidos por el USDA, estas hipotecas son para solicitantes de ingresos bajos, muy bajos. Los umbrales de ingresos varían según la región. Con los subsidios, las tasas de interés pueden ser tan bajas como el 1%.

Préstamos y subvenciones para mejoras en el hogar:

Estos préstamos o concesiones financieras directas permiten a los propietarios reparar o mejorar sus viviendas. Los paquetes también pueden combinar un préstamo y un reconocimiento, brindando hasta $ 27,500 en asistencia.

Requisitos de préstamo del USDA

• Se prefiere un puntaje de crédito mínimo de 640. Sin embargo, se pueden permitir puntajes de 600-639 si nuestra suscripción automática determina la solvencia.

• El ingreso no puede exceder el 115% del ingreso medio del hogar de su área. Este programa está diseñado para familias de ingresos bajos a moderados.

• La propiedad debe estar ubicada en un área rural elegible según lo define el USDA - Verifique la elegibilidad

• La propiedad debe ser su residencia principal y no puede generar ingresos o ser comercial.

• El programa USDA está diseñado para aquellos que no poseen otras propiedades.

CAPÍTULO 4. SECRETOS DEL PRÉSTAMO DEL DEPARTAMENTO DE ASUNTOS DE VETERANOS DE LOS ESTADOS UNIDOS (VA)

ES UN PRÉSTAMO VA?

El préstamo VA es una opción de hipoteca con pago inicial de cero pesos de cuota inicial, disponible para los veteranos del militar, personas activas o que prestaron los servicios, que sean miembros del servicio y ciertos cónyuges militares. Los préstamos VA son emitidos por prestamistas privados y garantizados por el Departamento de Asuntos de Veteranos de los Estados Unidos (VA).

El préstamo hipotecario VA fue creado en 1944 por el gobierno de los Estados Unidos para ayudar a los miembros de servicio que regresan a comprar casas, sin necesidad de un pago inicial o un excelente crédito. Este programa de beneficios históricos ha garantizado más de 22 millones de préstamos VA para ayudar a los veteranos, miembros militares en servicio activo y sus familias a comprar casas o ha refinanciar sus hipotecas.

Hoy en día, la hipoteca VA es más importante que nunca. En los últimos años, los prestamistas en todo el país han ajustado sus requisitos de préstamo, luego del colapso del mercado de la vivienda, lo que ha convertido al préstamo VA en un salvavidas para los veteranos y compradores de viviendas militares activos, muchos de los cuales encuentran dificultades cuando se enfrentan a estrictas normas crediticias y requisitos de pago.

Un préstamo VA es un préstamo hipotecario respaldado por el Departamento de Asuntos de Veteranos (VA, por sus siglas en inglés) para aquellos que han prestado servicios o están prestando servicios actualmente en el ejército de los Estados Unidos. Si bien el VA no presta dinero para los préstamos del VA, respalda los préstamos otorgados por prestamistas privados (bancos, compañías de ahorros y préstamos o compañías hipotecarias) a veteranos, personal militar activo y cónyuges que califican.

Hay tres tipos de préstamos VA - préstamos de compra, préstamos de refinanciamiento para la reducción de la tasa de interés (o IRRRL, también conocidos como préstamos de refinanciamiento de VA) y préstamos de refinanciamiento en efectivo. Hay muchos beneficios para un préstamo VA, pero uno de los mayores beneficios es que no se necesita un pago inicial para comprar una casa. Esto puede hacer que la propiedad de una vivienda sea una realidad para militares activos o veteranos que de otra manera no podrían pagarla.

¿Quién es elegible para préstamos VA?

Los préstamos VA están diseñados para personal militar, veteranos y familias militares.

La lista de aquellos que son elegibles para este beneficio militar de compra de vivienda incluyen:

• Veteranos

• Personal en servicio activo.

• Miembros de la reserva

• Miembros de la Guardia Nacional

• Algunos cónyuges sobrevivientes

Beneficios del préstamo VA

El programa de préstamos VA ofrece algunos de los beneficios de préstamos más atractivos y flexibles disponibles, y son exclusivamente para personal militar, veteranos y sus familias. Quizás los dos beneficios más grandes que hacen que estos préstamos sean más asequibles que un préstamo normal, son que el prestatario generalmente no necesita hacer un pago inicial, y no existe un requisito de seguro hipotecario privado (PMI).

Aquí hay una lista completa de los beneficios:

• No se requiere pago inicial (a menos que lo requiera el prestamista o el precio de compra sea mayor que los límites de préstamo del VA)

• Tasa de interés negociable y competitiva.

• Capacidad para financiar la tarifa de financiamiento del VA (más las tarifas de financiación reducidas con un pago inicial de al menos el 5 por ciento y la exención para los veteranos que reciben compensación del VA).

• Las reglas de VA limitan el monto que se le puede cobrar por los costos de cierre.

• Los costos de cierre son comparables con otros tipos de financiamiento (y pueden ser más bajos).

• Los costos de cierre pueden ser pagados por el vendedor.

• No se requieren primas de seguros hipotecarios privados.

• Una hipoteca asumible.

• Derecho a pagar por adelantado su hipoteca sin penalización.

• Para las casas inspeccionadas por VA durante la construcción, una garantía del constructor y la asistencia de VA para obtener la cooperación del constructor.

• Asistencia de VA a prestatarios veteranos en mora debido a dificultades financieras temporales.

CAPÍTULO 5. SECRETOS DE NACA

QUÉ ES EL PROGRAMA DE COMPRA DE VIVIENDAS DE NACA EN LOS ESTADOS UNIDOS?

Es una Corporacion de Asistencia a los Vecindarios de America (NACA) es una organización sin fines de lucro, de defensa de la comunidad y de propiedad de vivienda. NACA ofrece un programa de hipotecas para la compra de vivienda, diseñado a que el comprar casa, sea más accesible para más personas, especialmente personas con fondos limitados y perfiles de crédito difíciles.

En resumen, el programa de hipotecas NACA permite a los prestatarios elegibles comprar una casa sin pago inicial y sin costos de cierre o tarifas utilizando una hipoteca de tasa fija con una tasa de interés de mercado igual o inferior. Al permitir que los prestatarios financien el 100% del precio de compra de una vivienda, el Programa de Hipotecas de la NACA hace que la propiedad de la vivienda sea más asequible.

Aunque los prestatarios no están obligados a pagar los costos o tarifas de cierre de la hipoteca, antes de solicitar la hipoteca, normalmente deben pagar una tarifa de membresía única y por adelantado para unirse a NACA, así como una tarifa de informe de crédito.

NACA no es un prestamista y no ofrece hipotecas directamente a los prestatarios. En cambio, el programa hipotecario NACA se ofrece a través de prestamistas participantes, principalmente el Banco de America. A continuación describimos los términos y requisitos clave del programa.

Los beneficios clave del Programa de Hipotecas de la NACA incluyen el pago inicial no requerido, los costos de cierre, una tasa de hipoteca baja y los requisitos de calificación no tradicionales del prestatario. Las posibles desventajas del Programa NACA incluyen un proceso de hipoteca más prolongado y riguroso, límites de precio de propiedad y límites de ubicación de propiedad.

Sin Costos de Cierre

El Programa de Hipotecas de la NACA no requiere que los solicitantes paguen los costos de cierre de la hipoteca, que pueden costar miles de dólares, según el monto de su préstamo. En muchos casos, los prestatarios pueden pagar un pago hipotecario mensual e incluso un pago inicial, pero no toman en cuenta los costos de cierre al determinar si pueden pagar una vivienda. Los prestatarios a menudo se sorprenden por la cantidad de los costos de cierre y pueden verse obligados a retrasar la compra de una casa para ahorrar más dinero para cubrir los costos inesperados.

Aunque el Programa de Hipotecas de la NACA generalmente requiere que los solicitantes paguen una tarifa de membresía única y una tarifa de informe de crédito, elimina otros costos de cierre, lo que hace que obtener una hipoteca y comprar una casa sea significativamente más asequible.

Baja Tasa de Interés

La tasa de interés en una hipoteca NACA generalmente es menor que la tasa para otros programas de pago inicial bajo o sin pago. Además, los prestatarios tienen la opción de reducir la tasa de interés al 0% al aumentar el monto de la hipoteca, pagar de su bolsillo o usar un regalo o un reconocimiento. Al pagar una tasa de interés más baja, los prestatarios pueden ahorrar una cantidad significativa de dinero en su pago mensual de la hipoteca y el gasto total de intereses durante la vida de su hipoteca. Le recomiendo que compare los términos del préstamo para una hipoteca NACA con otros programas de pago inicial bajo. Póngase en contacto con los prestamistas en la tabla a continuación para conocer los programas que ofrecen. Comprar a varios prestamistas y comparar programas y propuestas de préstamos es la mejor manera de encontrar la hipoteca adecuada para usted.

Pautas de calificación de prestatarios flexibles

El Programa de Hipotecas de la NACA utiliza pautas más flexibles y no tradicionales para determinar la capacidad de un solicitante para calificar para una hipoteca. Por ejemplo, en lugar de utilizar una puntuación de crédito mínima, el programa NACA utiliza una evaluación de crédito del prestatario basada en el carácter. Además, los prestatarios no son descalificados si experimentaron una dificultad financiera causada por una enfermedad significativa. Los criterios de calificación del prestatario del programa se centran en la capacidad del prestatario para pagar su gasto mensual total de vivienda, que incluye el pago de su hipoteca, los impuestos a la propiedad, el seguro de propietarios y otros gastos potencialmente aplicables, como los aranceles de la asociación de propietarios (HOA).

El proceso de calificación de la NACA. se enfoca en el ingreso mensual, la deuda y los ahorros del solicitante para garantizar que pueda permitirse el lujo de ser dueño de su casa después del cierre de su hipoteca. El uso de pautas más flexibles le permite a más personas calificar para el Programa de Hipotecas de la NACA.

Recursos extensivos para el prestatario

NACA ofrece asesoramiento y asistencia para compradores de vivienda extensos, un antes, durante y después del proceso de la hipoteca. Estos recursos están diseñados para guiarlo a través de los procesos de compra de viviendas e hipotecas y para asegurarse de que tome decisiones acertadas según su perfil financiero. Los asesores de NACA participan en la determinación del monto de hipoteca que puede pagar, revisando el contrato de compra de propiedad y el cierre de la hipoteca. Además, NACA ofrece asesoramiento posterior a la compra para ayudar a los propietarios de viviendas en dificultades.

Proceso de solicitud de información y tiempo intensivo

El proceso de solicitud para el Programa NACA es potencialmente más informativo y requiere más tiempo que para otros programas hipotecarios. Los solicitantes deben asistir a un taller para compradores de vivienda, así como a sesiones de asesoramiento financiero. Además, el Programa NACA requiere que los prestatarios proporcionen más información y documentación de lo que normalmente se les exigiría que proporcionen programas hipotecarios estándar. Por ejemplo, los prestatarios están obligados a proporcionar un presupuesto financiero personal, así como un historial de pagos de deudas y flujos de efectivo.

Debido a su nivel de participación, el proceso de la hipoteca NACA puede llevar más tiempo que un préstamo estándar, lo que puede poner a los solicitantes en una desventaja al comprar una casa, ya que los vendedores de casas generalmente prefieren compradores que puedan cerrar rápidamente. Aunque NACA ha implementado medidas para reducir su proceso de solicitud, incluida la oferta de eventos "Alcanzar el sueño" donde los miembros pueden recibir la aprobación de NACA en un día, y la mayoría de los préstamos de NACA se cierran dentro de los 28 días, los prestatarios deben asegurarse de que el programa cumple con sus requisitos, calendario.

Límites de préstamo

El programa aplica límites de préstamo que limitan el monto de su hipoteca. NACA utiliza el límite de préstamo conforme, que es de $ 453,100 para una propiedad de una sola unidad. Debido a los límites de los préstamos, a los prestatarios en áreas más caras les puede resultar difícil encontrar casas que puedan comprar con el programa. Aunque NACA utiliza límites de hipoteca, no hay un precio máximo de compra de propiedad si obtiene menos del 100% de los ingresos medios para el área en la que se encuentra la propiedad o si la propiedad está ubicada en un área designada como "objetivo".

Límites de ubicación de la propiedad

El Programa de Hipotecas de la NACA solo está disponible para compradores de vivienda en los estados donde la NACA tiene licencia. NACA tiene casi 50 oficinas en aproximadamente 30 estados, aunque eso significa que los prestatarios en los otros estados donde NACA no tiene licencia no son elegibles para el programa.

Restricciones en el tipo y programa de hipoteca

El programa de hipotecas de la NACA solo aplica a la compra de hipotecas y usted no puede usar el programa para refinanciar una hipoteca existente. Quizás, otros programas de hipotecas de pago inicial o de bajo pago, se aplican tanto a la compra de hipotecas como a las refinanciaciones, incluidos los programas de hipoteca HomeReady, Home Possible, FHA y VA. Además, solo las hipotecas de tasa fija de 15 y 30 años son elegibles para el programa. Los prestatarios no pueden usar hipotecas de tasa ajustable (ARM, por sus siglas en inglés) o solo hipotecas de interés con el programa. La restricción del programa hipotecario que los prestatarios pueden usar puede limitar su flexibilidad financiera. En el lado positivo, una hipoteca de tasa fija ofrece a los prestatarios la certeza de que su tasa de interés y el pago mensual no cambiarán durante la vigencia de su préstamo.

Restricciones en la propiedad de la propiedad

Solo las residencias principales ocupadas por sus propietarios son elegibles para el Programa de Hipotecas de la NACA. Las viviendas secundarias, así como las propiedades de inversión, no son elegibles para el programa. Además, el solicitante no puede poseer otras propiedades.

Requisito voluntario del propietario de la casa en curso

Los participantes del Programa NACA deben servir como voluntarios, al menos de cinco eventos de la defensa de la vivienda cada año. Algunos otros ejemplos de estos eventos, incluyen actividades de promoción comunitaria, mercadeo y otras actividades de promoción. El requisito de voluntariado del propietario de la casa es exclusivo del Programa NACA.

CAPÍTULO 6. PROGRAMAS ESTATALES Y LOCALES PARA COMPRADORES DE VIVIENDA

PROGRAMAS ESTATALES Y LOCALES PARA COMPRADORES DE VIVIENDA

La mayoría de los estados tienen programas para alentar la propiedad de vivienda. En general, estos programas tienen limitaciones de ingresos y requieren que tome una clase de comprador de vivienda. Cada estado define un comprador de vivienda por primera vez, como alguien que nunca ha sido propietario de una casa, o alguien que no ha sido propietario de una casa en los últimos tres años. Cada estado ofrece una cantidad diferente de programas, y cada estado ofrece diferentes niveles de asistencia al comprador.

Los programas de asistencia en todo el estado se deben adquirir a través de un prestamista participante. Para calificar para uno de estos programas estatales para compradores de vivienda, que pueden ofrecer cualquier cosa, desde tasas hipotecarias por debajo del mercado hasta la asistencia para el pago inicial a programas especiales, por ejemplo, la policía o los bomberos y los prestatarios casi siempre deben asistir a un curso de educación para compradores de vivienda.

CAPÍTULO 7. COMPAÑEROS DE CASA EN AMERICA

Home Partners of America

Homepartners de America es un alquiler con derecho a compra. Es una compañía, que comprará casas en áreas seleccionadas para usted y usted puede alquilarlas por hasta cinco años. También podrán comprar la casa en cualquier momento durante esos cinco años. La principal diferencia entre este programa, y un alquiler con la opción de comprar, es que con la opción de comprar tiene que hacer un pago inicial más grande que NO ES REEMBOLSABLE, así como un pago adicional incluido en su alquiler que puede utilizar para un pago inicial, si decide comprar, si no lo hace, perderá todo el dinero. Con los compañeros de casa; usted deposita solo 2 meses de alquiler como depósito y eso se mantiene en una cuenta separada. Al final, si decide no renovar su contrato de arrendamiento en cualquier momento; o la compra de casa, este dinero se lo regresaran, siempre y cuando haya mantenido la casa en buenas condiciones y haya cumplido con el contrato de alquiler. Esto le permitirá ver cómo ampliar sus opciones porque ahora está buscando viviendas en venta. El alquiler es generalmente un poco más alto que un alquiler promedio debido a sus gastos adicionales para obtener la propiedad para usted. Antes de que entren en contrato para la compra de la propiedad; sabrá de antemano cuál será su alquiler, cada uno de los cinco años y cuánto será el precio de compra de cada uno de los cinco años. El precio de compra generalmente sube un 4-5% cada año. Pero todo está escrito y explicado en el contrato.

Cómo funciona el programa.

1. Un agente que lo representará le enviará un enlace para solicitar este programa.

Es importante que haga clic en ese enlace de manera que su agente se mantenga informado y usted sepa una vez que haya sido aprobado. Primero hará una aplicación inicial general gratuita para ver si hay alguna señal de advertencia que lo descalifique. Debe tener un puntaje de crédito mínimo de 525 y obtener al menos 50,000 de ingresos por año entre todas las partes. Una vez que vuelva la aprobación inicial, le pedirán que haga una solicitud formal de

$ 75 por familia y que sea válida por hasta 3 meses. Una vez que haces esto; ellos le indicarán el monto del alquiler para el que están aprobados y luego usted y su agente pueden comenzar a buscar propiedades que están disponibles para la VENTA.

2. Estado de las propiedades.

Las propiedades deben estar en buenas condiciones; No se considerarán ejecuciones hipotecarias o ventas cortas.

Las casas nuevas están bien si la fase de construcción actual del vecindario está terminada en un 90%; la casa terminó, y el constructor acuerda usar un contrato estándar para la venta y compra. Las reparaciones o mejoras menores, como los electrodomésticos, están bien para que las solicite a los socios de la casa, solo se agregarán a su precio de compra. También las propiedades deben ubicarse y dividirse en zonas según lo que consideren en un 50% de las mejores escuelas secundarias.

3. Proceso de oferta

Una vez que usted y su agente encuentren la propiedad que le gusta; su agente le enviará una lista de verificación de preparación, asegúrese de las cosas que le gustaría que tuviera la propiedad, como nuevos electrodomésticos o que tenga division. Luego, su agente enviará la información de la propiedad a los homepartners, incluidas las fotos actuales, las revelaciones del vendedor, la información de contacto de la Asociación de Propietarios y los convenios, y un análisis de mercado completo para el lado de la compra y el alquiler. Una vez que los socios locales reciban esta información, aprobarán y le enviarán un correo electrónico dentro de las 48 horas posteriores al precio de compra, así como el precio del alquiler. Una vez que estés bien; luego, enviarán la oferta a su agente en el mismo día para que él / ella negocie con el agente / vendedor de la lista.

4. Una vez que la oferta está en su lugar / cierre

Los socios locales enviarán dinero a la compañía de títulos y realizarán inspecciones con su compañía de inspección preferida en el estado en que se encuentra la propiedad. Si hay reparaciones adicionales que ellos creen que deben hacer, incluso si usted no las solicita hasta un máximo de $ 3k, realizarán esas inspecciones. Pueden cerrar en la propiedad dentro de 2 semanas y generalmente, dependiendo de las reparaciones que necesiten para poder mudarse en 2-3 semanas después de eso.

5. Después de mudarse

Una vez que se mude, el propietario es su propietario y ellos son responsables de mantener la propiedad, pagar todos los impuestos y las tarifas de HOA de acuerdo con sus contratos de arrendamiento. Puedes alquilarlos por un máximo de 5 años. El contrato de arrendamiento es de renovación automática. Si no desea continuar con el contrato de arrendamiento; debe informarles por escrito 2 meses antes de la fecha de finalización del contrato de arrendamiento.

6. Compra

Si decide comprar, necesitará obtener financiamiento. Home Partners no es un prestamista y debe informarles también por escrito sobre su intención de comprar. Una vez que tenga su financiamiento en su lugar; Será VENTA POR EL PROPIETARIO. No habrá un agente involucrado a menos que desee contratar uno para que lo asista y tendría que pagar su comisión. Mientras que usted está buscando para alquilar; Los socios domésticos pagarán la tarifa de REALTOR del agente que usted elija.

¡Por favor! Seleccione Abajo

Proporcionar una Revisión Honesta

Gracias

https://www.amazon.com/s?k=asin%3DB07P1JJQLX

GRACIAS!

Muchas gracias por su compra! La serie de libros de compra de viviendas fue creada para ayudarlo a usted, brindandole información y recursos valiosos al iniciar su proceso de compra de vivienda en 2019. Es un placer ayudarle y proporcionarle una experiencia de compra de vivienda positiva y llena de todo el conocimiento a traves del uso de mi serie a continuacion!